DÉPOT LÉGAL
Rhône
N° 31
1875

ACTES DE DÉVOUEMENT

ET DE NOMBREUX

SAUVETAGES

ACCOMPLIS

Par Joseph MARCEL

AGÉ DE 55 ANS

*Engagé volontaire dans le 2me régiment du Génie
pour la durée de la guerre.*

Dans notre heureuse France, nous pouvons avec fierté
nous glorifier d'avoir un grand nombre d'hommes désin-
téressés à qui se spectacle de malheur produit par un vio-
lent incendie, le cri d'un enfant près de périr dans les
flots, la présence d'un péril imminent, réveille dans ces
âmes d'élite un mouvement de générosité spontanée qui
honore la nature humaine.

La France est tellement féconde en âmes généreuses,
que toutes les fois qu'un danger éclate, sur le champ, un
mouvement extraordinaire se manifeste : nous pouvons
citer à l'appui de ce que nous avançons une foule de ces
citoyens vertueux qui n'ont pas craint, au péril de leur vie,
d'affronter les plus grands dangers pour secourir leurs
semblables.

Nous nous bornerons à mentionner dans cet opuscule
les actes de dévouement et les nombreux sauvetages dont
le sieur Joseph MARCEL est le héros. Il est dans l'ardèche un petit village peu connu, qu'on appelle Mélas, où
habite un homme que la Providence semble y avoir placé
tout exprès ; dès que des cris de détresse se font entendre,

Lm²⁷/22013
H

Joseph MARCEL quitte tout, par tous les temps et à toute heure.

Mais avant de faire connaître ses belles actions, nous donnerons le détail d'un malheur qui lui est arrivé pendant qu'il travaillait.

En 1840, MARCEL extrayait des pierres à Marion-Rochemaure pour la construction d'un pont en fil de fer au Teil ; les mèches anglaises n'étaient pas connues à l'époque dont nous parlons.

Un jour qu'il faisait un vent du nord très-violent, MARCEL, après avoir amorcé sa mine qui était à la hauteur de la ceinture, s'avança pour y communiquer le feu : le vent ayant ramené la poudre sur la mèche, l'amorce fit explosion. MARCEL, asphyxié, tomba sur la mine et fut enlevé à une hauteur de 10 à 12 mètres ; une pierre de 18 à 20 k. suivait l'infortuné mineur, que ses compagnons croyaient mort. Il tomba au-dessus de la carrière sur un tas de pierres d'environ seize mètres, meurtri et ensanglanté, il ne donnait plus signe de vie. On le plaça sur un brancard, on le transporta dans une maison où plusieurs médecins vinrent le visiter. Ils crurent voir un cadavre, et cependant MARCEL n'était pas mort. Pendant trois mois d'horribles souffrances, on le fit boire avec un biberon, et quand il quitta le lit, il ne put marcher, pendant onze mois, qu'à l'aide de béquilles. C'est depuis cette époque que cet homme généreux à risqué vingt-six fois sa vie pour sauver celle de ces concitoyens. Tantôt c'est un soldat, un vigneron, un enfant qui se noie, une autre fois un mineur que la mort va enlever à sa femme et à ses enfants.

En 1842, le sieur Ignace Vernet, propriétaire à Mélas, se hasarda à traverser la rivière débordée, il fut entraîné par le courant rapide ; c'est alors que MARCEL, se précipitant dans la rivière l'arracha à une mort certaine.

En 1843, un enfant de treize à quatorze ans tomba dans l'écluse d'un moulin, à Mélas ; MARCEL attiré par les cris d'autres enfants, se précipite dans l'eau pour le sauver ; mais il était trop tard car l'enfant était mort.

En 1845, dans la carrière du Détroit, un mineur, après
avoir mis le feu à trois mines pour éviter l'explosion s'en-
fuyait à la hâte, lorsque par malheur il se laisse tomber
et se casse la jambe au-dessus du genou. Ne pouvant s'é-
loigner, il allait être tué par l'explosion, lorsque MARCEL
qui travaillait dans la même carrière, au risque d'être at-
teint lui-même par la mine, va le saisir, le charge sur ses
épaules et lui sauve la vie. A peine avait-il accompli cet
acte de dévoûment que les mines éclatèrent.

En 1847, 1848, 1849, quatre incendies ont éclatés dans
la commne du Teil, le sieur MARCEL, par son courage et
son intrépidité, s'est fait remarquer, et a contribué puissamment à éteindre le feu.

Dans l'incendie qui se déclara à Chateauneuf-du-Rhône
(Drôme), le 22 juillet 1863, c'était vers les deux heures
dn matin, tout le monde était plongé dans un profond som-
meil, et, malgré les cris de détresse des malheureux incen-
diés, personne ne les avait entendus. Tout à coup MAR-
CEL se réveille, il aperçoit une lueur rougeâtre qui lui
annonce un incendie; il s'habille à la hâte et se rend sur
le lieu du sinistre, s'arme d'une hâche, monte sur les toits
déjà enflammés, et fait heureusement la part des flammes
en coupant les poutres à demi-consumées. Il ne fut aidé
dans ce pénible travail que par quelques personnes qui
suivaient son courageux exemple.

La vie de MARCEL a été souvent en péril.

En 1852, un jour de crue subite, il sauva un individu de
Saint-Jean-le-Centemer qui se noyait dans la rivière du
Frayol.

En 1855, M. Robin, curé de St-Vallier, (Drôme), se
trouvant en visite chez M. le curé de Mélas, commune du
Teil, se laissa tomber dans la rivière du Frayol, se blessa
grièvement à la main, et ne fut retiré d'un péril imminent
que grâce au courage de MARCEL.

En 1859, deux enfants Truchet (Léon et Adrien), de
St-Alban, commune de Viviers, se trouvaient au milieu de
la rivière d'Escoutay, lorsqu'une crue subite les enveloppe

et les entraîne. MARCEL que des affaires importantes appelaient au chef-lieu de canton, voyant ces deux enfants entrainés par le courant rapide, avec son intrépidité ordinaire, se précite au milieu du courant et a le bonheur de les ramener sains et saufs sur la rive.

En 1862, l'ouvrier Courtiol, du Teil, était occupé à monter du bois dans un grenier ; le plancher surchargé par le poids du bois, céda tout à coup et entraîna dans sa chute le malheureux ouvrier. Aux cris poussés par la maîtresse de maison, MARCEL accourt et parvient avec beaucoup de peine, à se frayer un passage à travers une petite issue, et retire le dit Courtiol tout meurtri et ensanglanté, ayant perdu connaissance.

Le 6 décembre, la petite Mathilde Odouard revenait de la classe de Mélas et passait sur la passerelle du chemin ; elle se laisse choir dans le courant.

C'en était fait de ces jours, si un homme courageux ne lui eût porté secours. Mais MARCEL entendant ces cris déchirants : Au secours ! au secours ! une petite se noie ! se hâte d'arriver sur les lieux ou son devoir l'appelle ; les eaux étaient tellement furieuses et menaçantes que plus de 50 personnes, témoins de cet accident, jugaient le sauvetage impossible. MARCEL, sans perdre un instant, se précipite dans la rivière, et, après maints efforts parvient à saisir la malheureuse enfant, la ramène sur la rive et la rend à ses parents désolés.

Le 9 août 1863, le sieur MARCEL se trouvait à Arles (Bouches-du-Rhône), et se promenait sur le quai ; il aperçoit un jeune soldat de la classe de 1862 qui se noyait dans le Rhône, en avant du pont. Ce militaire inhabile à nager, luttait vainement contre l'élément perfide qui allait l'engloutir. MARCEL, ne consultant que son courage, se précipite dans le Rhône, rive gauche, à demi-vêtu, nage avec force vers l'infortuné que le fleuve entraîne et lorsqu'il est près de l'atteindre, le malheureux disparaît sous l'eau. MARCEL plonge à diverses reprises, parvient à saisir l'infortuné et l'amène

complétement asphyxié sur la rive droite, en présence
d'un grand nombre dé personne. M. le sous-préfet d'Arles fit ensuite appeler MARCEL et le félicita de ce bril-
lant sauvetage.

En 1856, MARCEL sauva un garçon de quatorze ans
qui se noyait dans le Rhône en-dessus de Rochemaure.

En 1864, un incendie se déclara dans la commune du
Teil, et menaçait de prendre des proportions considéra-
bles, MARCEL contribua puissamment à éteindre cet incendie. Procès-verbal de son admirable conduite fut dressé
par les autorités compétentes et envoyé à M. le préfet de
l'Ardèche.

Les procès-verbaux de toutes ces belles actions que
nous avons mentionnées dans cette opuscule ont été dres-
sés par les autorités compétentes et adressés à l'Admi-
nistration supérieure.

SUR LES ACTES

DE

DÉVOUEMENT ET DE COURAGE

de Joseph MARCEL

OUVRIER MINEUR

Né et domicilié au TEIL (Ardèche).

AIR : *Des feuilles mortes.* Mes jours sont condamnés.

Il est beau de citer les dévoûments sublimes
De ces cœurs qui remplis d'un zèle courageux,
L'orsque la mort s'apprête à saisir des victimes,
Prêtent avec transport un secours généreux !
Sois fière, humanité ! de ces âmes d'élite,
Qu'inspire la vertu, qu'enflamme ton amour,
Qui, sans chercher jamais à s'en faire un mérite.
Aux périls des plus grands s'exposent chaque jour !

Le Teil est dans l'Ardèche, un modeste village. . . . . .
D'un homme bienfaisant c'est le pays natal
Simple ouvrier mineur, Marcel, dans son jeune âge,
Fut la victime, hélas ! d'un accident fatal. . . . .
Trois mois il fut couché sur un lit de souffrance ;
Enfin, et par miracle, il échappe au trépas. . . . . .
Dieu voulut de Marcel conserver l'existence
Dans un noble sentier, pour diriger ses pas !

C'est depuis ce moment qu'il se montra sans cesse,
Prêt à risquer sa vie, à toute heure, en tout lieu,
A répondre à tous cris d'angoisse et de détresse,
Et toujours du péril lui-même oublieux.
Le voyez-vous braver les vagues mugissantes.
De ce fougueux torrent qui va tout envahir,
A travers l'incendie, aux flammes menaçantes.
Voyez-le s'élancer, au risque de périr !. . . . .

Des belles actions qui marquent sa carrière,
Si le nombre est trop grand pour toutes les citer,
Choisissons au hasard, dans cette vie entière,
Des faits qu'avec bonheur on aime à relater,
Chaque fois qu'il s'agit de sauver son semblable,
Marcel nous apparaît plein d'une sainte ardeur,
De l'homme dévoué le courage admirable,
Fait sous l'émotion palpiter notre cœur !

Un jour que du *Frayol*, gonflé par les orages,
Les eaux avec fureur précipitèrent leur cours,
Des cris de désespoir retentissent les plages. . . . .
« Un enfant va périr !. . . . . Au secours ! au secours ! »
Nul n'ose se risquer. . . . . Soudain Marcel arrive.
Longtemps à ses efforts résistent les courants . . . . .
Il les surmonte enfin et, regagnant la rive,
Remet la jeune fille aux bras de ses parents,

Surpris dans l'*Escoutay*, grossi par une crue,
Deux malheureux enfants sont roués à la mort !
Marcel voit leur danger. . . . . Son âme s'est émue ;
Il plonge, les saisit, les ramène à bord !
Ailleurs c'est un soldat que le Rhône rapide,
Dans ses gouffres profonds va bientôt engloutir.
Honneur à toi, Marcel, sauveteur intrépide,
A tes heureux efforts vois la foule applaudir !

Ici c'est un mineur qui s'éloigne au plus vite,
Il tombe. . . . . et maintenant la mort va frapper.
Sa jambe, en se brisant, vient d'empêcher sa fuite.
Vienne l'explosion. . . . . il n'y peut échapper !. . . . .
Mais Marcel, à l'aspect de ce danger horrible,
Court auprès du blessé, l'emporte dans ses bras.
A peine est-il sauvé qu'avec un bruit terrible,
Des mines dans les airs se heurtent les éclats.

Sur des murs chancelants que la flamme ravage,
Une hâche à la main, voyez Marcel debout.
La crainte ne saurait ébranler son courage.
Presque seul pour tout faire, il peut suffire à tout !
La toiture chancelle, à demi consumée,
Et peut-être bientôt manquera sous ses pas.
Il frappe à coups pressés sur la poutre enflammée :
Dans ce terrible instant lui seul ne tremble pas !

Ainsi toujours guidé par son cœur magnanime,
Marcel, du dévoûment ardent à s'inspirer,
Se montre constamment généreux et sublime :
Rendons-lui donc justice en sachant l'admirer.
Il affronte la mort dans plus d'un incendie,
Les rapides courants ne peuvent l'arrêter. . . . .
Honorons la vertu de cette âme hardie !
Puisse son noble exemple instruire à l'imiter !

MAIRIE DE SAINT-PAUL-EN-CORNILLON.

CERTIFICAT DE BONNE CONDUITE

Le maire de la commune de Saint-Paul-en-Cornillon, canton du Chambon, arrondissement de Saint-Étienne (Loire).

A l'honneur de certifier à qui de droit :

1° Que le sieur MARCEL (JOSEPH), chargé de la surveillance de la Loire, pendant la saison des bains de la présente année 1870, au Pertuizet, et qualité de sauveteur s'est acquitté de cette périlleuse et délicate mission avec zèle et intelligence ;

2° Que par une surveillance attentive de chaque instant, il a prévenu de nombreux accidents et préservé les nombreux baigneurs de tout malheurs ;

3° Que, par son intrépide courage, il a sauvé deux hommes d'une mort certaine ;

4° Enfin que, pendant la durée de son séjour dans la commune de Saint-Paul-en-Cornillon, il s'est toujours très convenablement conduit ; qu'il a mérité l'estime des honnêtes gens et de la protection de l'autorité, ainsi que sa bienveillance.

Saint-Paul-en-Cornillon, le 12 août 1870.

Le Maire de Saint-Paul-en-Cornillon,

VIMOR, adjoint.

Le sieur MARCEL pour effectuer ces divers sauvetages, a reçu quelques blessures toutes plus ou moins graves. Il a même été estropié du gros doigt et du pied droit.

Le sieur MARCEL n'est pas riche, et il a beaucoup de peine pour faire subsister sa famille, attendu que son dévoûment bien connu pour ses semblables l'a porté quelques fois à des excès honorables qui ont beaucoup influé sur sa santé.

Le sieur JOSEPH MARCEL n'est pas riche, et pour élever et faire subsister sa famille, est obligé de travaillé le jour et quelquefois la nuit ; son dévouement bien connu pour ses semblables a déterminé les autorités de la commune du Teil à le proposer à l'Académie française pour lui faire décerner un prix de Monthyon.

Le Maire du Teil,

Signé : F. FRAICHON.

Lyon. — Imp. veuve BOUGIER, grande rue de la Guillotière, 28.

www.ingramcontent.com/pod-product-compliance
Lightning Source LLC
LaVergne TN
LVHW050225060726
842525LV00007B/2531